PAROLES

PRONONCÉES SUR LA TOMBE

DE

MADAME LA COMTESSE

CAHEN D'ANVERS

Née Clara BISCHOFFSHEIM

Le 16 Juillet 1876,

Par M. ISIDOR

GRAND-RABBIN DU CONSISTOIRE CENTRAL DES ISRAÉLITES DE FRANCE

PARIS

CHARLES SCHILLER, IMPRIMEUR BREVETÉ

10, FAUBOURG MONTMARTRE, 10

1876

PAROLES

Prononcées sur la Tombe de Madame la Comtesse

CAHEN D'ANVERS

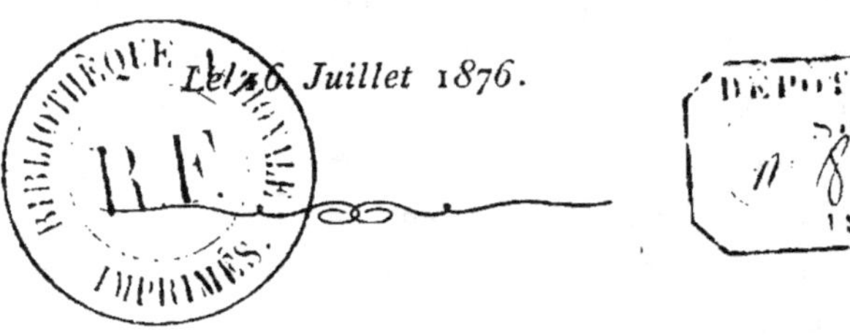

Le 16 Juillet 1876.

Messieurs et chers Frères,

Laissez-moi vous arrêter quelques instants devant ce cercueil qui renferme la dépouille mortelle de notre bien-aimée sœur, Madame Cahen d'Anvers; je veux, avant de nous séparer d'elle, lui donner un dernier témoignage d'estime, lui dire un suprême adieu!

Je voudrais, Messieurs, pour vous consoler et me consoler moi-même, — il est si doux de parler de ceux que l'on a aimés — vous retracer la vie de cette femme de bien que la mort vient de nous ravir; je voudrais vous raconter toutes les qualités, tous les mérites de Madame Cahen, comme épouse, comme mère, comme gardienne intelligente de cette maison, qu'elle a *embellie et sanctifiée* par sa présence, comme membre de la grande famille humaine, qu'*elle a servie* et glorifiée par ses actes! Mais, quand je vois devant

moi ce digne vieillard, dont elle avait fait, pendant près d'un demi-siècle, la joie et le bonheur, et qui, désormais, reste seul, seul à un âge où les distractions de la famille sont plus nécessaires que jamais ; quand je vois ces quatre fils, penchés sur la tombe de leur mère, dont l'âme se confondait avec leur âme ; de cette mère qui les a guidés si longtemps de ses conseils et entourés de son amour ! Quand je songe à cette maison, hier encore si belle et si heureuse, aujourd'hui ravagée et plongée dans le deuil, oh, alors Messieurs, j'éprouve une émotion telle que ma voix en est étouffée, que mon esprit en est troublé, et, au lieu de paroles pour consoler, je ne trouve que des larmes pour pleurer !

Laissons, laissons couler nos larmes, chers amis, et qu'elles aillent arroser ces précieuses dépouilles ; elles n'ont jamais coulé pour une femme plus digne, plus vertueuse, pour un caractère plus noble et plus élevé !

Nos anciens ont dit dans leur langage imagé : la mort de la mère de famille, c'est, pour le mari et pour les enfants, la nuit qui succède au jour, l'obscurité qui remplace la lumière !

C'est vrai ! Madame Cahen d'Anvers, c'était la lumière, la couronne de sa maison. Sa mort, c'est la lumière qui disparaît, c'est la couronne qui tombe !

La parole, Messieurs, qui essayerait de raconter cette vie resterait toujours, quelque éloquente qu'elle fût, au-dessous de la vérité. C'est inutile, d'ailleurs, *le nom suffit*, et dire que Madame Cahen n'est plus, c'est dire qu'une belle et grande intelligence s'est éteinte, qu'un noble cœur a cessé de battre !

C'était un esprit élevé, qui aimait et comprenait les

belles et grandes choses, et qui savait les accomplir sans bruit ni ostentation ! Et à côté de cet esprit si viril, si énergique, il y avait le cœur de femme le plus dévoué, le plus tendre, animé des sentiments les plus doux et les plus délicats !

Toute sa famille l'aimait, la respectait, l'adorait. Elle en était, non-seulement la gloire, mais le lien, le centre, et, laissez-moi dire le mot, *l'ange tutélaire !* Heureuse elle-même, elle voulait le bonheur de tous les siens, et vous savez ce qu'elle fit pour tous ! Rien ne lui paraissait ni difficile, ni pénible, quand il s'agissait de seconder ceux qui avaient besoin de son appui, d'aplanir la route devant ceux qui commençaient leur carrière, et de la faciliter à ceux qui y trouvaient des difficultés !

C'était une nature d'élite, qui unissait la fermeté de principes à la plus exquise bonté du cœur, et dont aucune séduction, pas plus celle des honneurs que celle de la fortune, ne pouvait ébranler les habitudes, ni modifier la ligne de conduite qu'elle s'était tracée !

Ah ! croyez-le bien, Messieurs, si Madame Cahen n'avait été qu'une femme riche, qu'une femme du monde, j'aurais sans doute prié pour elle — la religion ne refuse ses prières à personne — mais nulle parole d'éloge ne serait sortie de ma bouche ! La religion, vous le savez, ne flatte jamais les hommes, elle les rappelle tous à leurs devoirs, et que lui importe la fortune, quand elle est stérile et inféconde ! Mais elle est heureuse de reconnaître les services rendus, de proclamer le dévouement de ses enfants, et, si elle a des prières pour tous, elle réserve pour les âmes d'élite ses plus belles bénédictions !

C'était une femme de cœur et d'âme, un modèle de vertu et de dévouement, et sa charité était au niveau de son intelligence!

Elle m'avait honoré — et ce sera un des plus doux souvenirs de ma vie — de son estime et de sa sympathie; j'étais parfois le confident de ses pensées, le dispensateur de ses bienfaits, et j'ai le droit de dire que sa mort laisse, non-seulement dans sa famille, mais partout, un vide *qu'il sera difficile de combler!*

Elle s'intéressait à tout ce qui est grand et généreux : à l'instruction de la jeunesse, à l'éducation de la femme, à l'augmentation du bien-être moral et matériel de la classe déshéritée, et elle savait faire des sacrifices pour la réalisation de ses idées! Elle compatissait à toutes les souffrances; elle avait un cœur pour toutes les misères; en un mot, elle faisait un noble usage de la fortune que Dieu lui avait donnée, et en échange, *selon la promesse de la Bible,* Dieu l'avait bénie dans ses enfants et dans sa maison!

C'était, je le répète, une femme supérieure, une grande dame, comme on dit dans le monde, mais elle l'était, non-seulement comme on l'est aux yeux des hommes, c'est-à-dire, par les relations, par les titres, par la fortune, mais comme on l'est aux yeux de Dieu, c'est-à-dire, par le cœur, par la charité, par les bienfaits répandus, par les œuvres fondées!

Et savez-vous où elle a puisé toutes ces belles qualités, cette douceur de caractère, cette délicatesse de sentiments, toutes ces vertus que vous avez admirées? Elle les a puisées dans son cœur, formé et ouvert de bonne heure à toutes les nobles aspirations; elle les a puisées dans sa foi, qu'elle chérissait, à laquelle elle était restée fidèle, et qui était vivace en

elle; elle les a puisées dans les principes qui lui ont été légués par sa famille, par sa mère surtout, dont le nom est encore aujourd'hui prononcé avec respect par ceux qui l'avaient connue! Ah! c'était aussi une femme exceptionnelle, et elle a droit, en ce moment, à un souvenir, que nous lui envoyons à travers l'espace, du fond de notre cœur! Cet homme de bien, que nous avons conduit à ce champ de repos, il y a quelques années, son frère Bischoffsheim, dont la mémoire vit encore au milieu de nous, que de fois m'a-t-il dit : Ma sœur Clara, c'est absolument ma mère; c'est le même cœur, c'est la même âme!

Ceux-là seuls, Messieurs, chancellent et tombent, dont le cœur est vide, et dont les yeux ne sont jamais élevés vers le ciel. Le cœur de Madame Cahen n'était pas vide, il était rempli des plus belles, des plus nobles aspirations, et *son Dieu*, comme dit la Bible, *était sans cesse en face d'elle.*

Elle cherchait son bonheur dans les joies et au foyer sacré de la famille; elle le cherchait dans la pratique de toutes les vertus! Demandez-le à son époux, qui pleure en ce moment la plus tendre, la plus dévouée des épouses; demandez-le à ses enfants, qui l'adoraient, qui avaient un culte pour elle; demandez-le à nos femmes, qui ont siégé à côté d'elle dans les œuvres de charité; demandez-le à tous ceux qui l'ont connue! Tous vous diront que la connaître, c'était l'aimer, et tous vous parleront de sa sagesse, de son bon cœur, de sa grandeur d'âme!

Voilà, Messieurs, la femme que Dieu a rappelée près de lui! Sans doute, elle a fourni sa carrière presque complète et entière; sans doute, elle a eu le bonheur — et quel bonheur pour des parents! — de voir réunis autour de son

lit de mort, *sans brèche ni lacune*, ses enfants et petits-enfants, qui venaient recevoir sa dernière bénédiction, et, quelques mois avant sa mort, Dieu lui avait encore accordé l'insigne faveur de conduire sous le dais nuptial son dernier fils, qu'elle aimait si tendrement! — Sans doute, elle n'est pas à plaindre, mais c'est nous qui le sommes; la mort d'une femme comme Madame Cahen arrive toujours trop tôt, quelque soit le moment où elle arrive ; des femmes, comme elle, devraient vivre longtemps, bien longtemps, *ne devraient jamais mourir!*

Ah, ne jamais mourir! mais tout autour de nous, mes amis, nous parle du néant des choses humaines, de la fragilité de la vie terrestre, et de tous ces tombeaux qui nous entourent sort une voix mystérieuse qui nous dit : *Vous n'êtes que poussière et vous retournerez à la poussière!*

Rappelons-nous, mes Frères, que si le corps va à la poussière d'où il est venu, l'âme retourne vers Dieu, maître de la vie et de la mort, et n'oublions pas que si, dans la langue des hommes, cette lugubre enceinte où nous nous trouvons s'appelle le champ de mort, elle s'appelle dans la langue de Dieu : la maison des vivants et le champ de l'Eternité. Détournons nos regards de ces tombes qui parlent du néant, et élevons-les vers le ciel, qui parle de l'Eternité! Elle croyait, cette noble morte, elle croyait et elle espérait en Dieu et en l'Eternité! Elle y est maintenant, elle récolte le fruit de ses œuvres; elle est près de sa mère, près de son père. Qu'est-ce que la mort, en présence de cette ascension glorieuse vers l'éternité! L'être chéri que nous pleurons *n'est pas absent*. Il est invisible, sans doute, vous ne verrez plus sa douce figure, mais vous vous sentirez sous ses ailes pro-

tectrices, et ses mains, du haut du ciel, sont étendues pour vous bénir.

Que Dieu vous console et vous bénisse, vous qui pleurez votre mère! Vous lui avez donné le bonheur sur la terre par votre dévouement, donnez-le lui au ciel, en continuant à marcher dans la voie qu'elle vous a tracée. Souvenez-vous toujours de ses paroles et de ses exemples, et que sa pensée vous guide! — C'est la plus noble manière d'honorer la mémoire d'une mère!

Et vous, cher vieillard, qui lui devez quarante années de bonheur, vous, que nous estimons tous si sincèrement, relevez-vous et soyez fort. Nous comprenons votre douleur, elle est bien légitime; nous la partageons, et nous venons jeter avec vous un dernier regard sur cette dépouille mortelle que la terre va couvrir, et dont l'âme, radieuse et pure, est retournée près de Dieu. Ecoutez encore cette dernière parole, que je puise dans la Bible, et qui est, par conséquent, la parole de Dieu :

Un jour, c'était du temps des prophètes, un juste était frappé, comme vous l'êtes aujourd'hui, dans ses plus chères affections. Il pleura et il s'écria : Seigneur, qu'ai-je fait pour être ainsi châtié? Et le Seigneur lui répondit : Fils de l'homme, écoute : *Mes voies ne sont pas vos voies, et mes pensées ne sont pas vos pensées. J'éprouve ceux que j'aime, et je guéris ceux que j'ai frappés.*

Vous l'avez entendu, chers amis! Les pensées *de Dieu ne sont pas nos pensées.* Inclinez-vous devant cette main divine, toujours pleine de bontés, malgré les épreuves dont elle nous accable, et dites cette ancienne parole : *Seigneur, que ta volonté sois faite! Juge intègre, sois béni!*

Et vous, chère sœur, allez rejoindre au ciel vos parents qui vous y ont devancée. Continuez à aimer et à bénir ceux que vous avez laissés ici-bas, et qui iront vous retrouver un jour dans cette patrie des âmes, où il n'y a plus de séparation, où les larmes sont inconnues!

Reposez en paix, chère sœur, et que Dieu remplisse votre tombe de ses étoiles et de ses bénédictions!

AMEN.

Paris — Ch. Schiller, imprimeur breveté, 10, faubourg Montmartre.

www.ingramcontent.com/pod-product-compliance
Lightning Source LLC
LaVergne TN
LVHW050241060726
842525LV00007B/2791